지속 가능한 발달장애인 고용 프로젝트 3권

발달장애인을 위한 회사 생활 실용서

내일도 출근합니다

소소한소통

책의 순서

출근을 합니다

1. 단정한 모습으로 출근합니다　　　　　　6
2. 출근 시간을 지킵니다　　　　　　　　　10

일을 합니다

1. 일을 열심히 합니다　　　　　　　　　　16
2. 윗사람에게 업무 지시를 받습니다　　　　18
3. 내가 한 일을 보고합니다　　　　　　　　19

쉬는 시간을 갖습니다

1. 점심시간을 잘 씁니다　　　　　　　　　22
2. 틈틈이 쉽니다　　　　　　　　　　　　 24
3. 휴가를 갑니다　　　　　　　　　　　　 26
4. 아프면 쉽니다　　　　　　　　　　　　 28

예절을 지킵니다

1. 깨끗하게 생활합니다   32
2. 인사를 잘합니다   34
3. 대화 예절을 지킵니다   36
4. 서로를 존중합니다   38
5. 성 예절을 지킵니다   39
6. 회식 때 술 예절을 지킵니다   40
7. 동료의 경조사를 챙깁니다   41
8. 그 밖의 예절   42

퇴근을 합니다

1. 퇴근 준비를 합니다   46
2. 퇴근 후 일상을 즐깁니다   48

알아 두면 좋아요

1. 월급을 잘 관리하기   52
2. 회사에서 꼭 받아야 하는 교육   54
3. 회사를 그만두는 상황들   56
4. 회사를 그만둘 때 해야 할 일   58

출근을 합니다

1. 단정한 모습으로 출근합니다

머리 감기, 세수하기,
양치하기 등
몸을 깨끗이 씻습니다.

남자는 면도를
깨끗이 합니다.

화장을 한다면
너무 화려하지 않게 합니다.

하는 일, 날씨 등에 맞추어
옷을 입습니다.

겉옷과 속옷을
매일 갈아입습니다.

유니폼을 입는 사람은
깨끗이 빨아서 입습니다.

알맞은 출근 복장

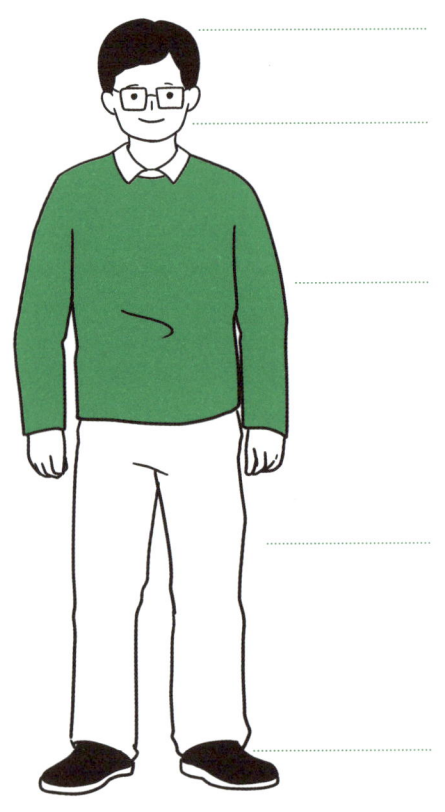

- 머리를 단정히 합니다.
- 면도를 깨끗이 합니다.
- 단정한 티셔츠, 남방, 니트 등을 입습니다.
- 깔끔한 면바지, 정장 바지 등을 입습니다.
- 편안한 단화, 운동화 등을 신습니다.

머리를 단정히 합니다.

화장을 너무 진하게 하지 않습니다.

깔끔한 블라우스, 티셔츠, 니트 등을 입습니다.

단정한 치마나 바지를 입습니다.

편안한 단화, 운동화 등을 신습니다.

2. 출근 시간을 지킵니다

출근 시간 10분 전에 도착하여 일할 준비를 합니다.

지각할 것 같으면 반드시 미리 회사에 연락합니다.

지각했을 때는 지각한 이유를 솔직하게 말합니다.

지각을 피하는 방법

잠을 자기 전
알람을 미리 맞춰 둡니다.

늦잠을 자지 않도록
7시간 넘게 충분히 잡니다.

비나 눈이 오는 날에는
평소보다 조금 더 일찍
출발합니다.

대중교통을 이용할 때 지켜야 할 예절

타고 내릴 때는
줄을 서서 차례를 지킵니다.

차가 출발하려고 할 때는
무리하게 타지 말고
다음 차를 기다려야 합니다.

다른 사람과 부딪치지
않게 조심합니다.

음악을 듣거나 영상을 볼 때는
이어폰을 낍니다.

이어폰 소리는 너무 크지
않게 해요.

다른 사람의 휴대폰을
들여다보지 않습니다.

통화할 때는
작은 목소리로 합니다.

일을 합니다

1. 일을 열심히 합니다

일할 때
다른 생각을 하지 않도록
노력합니다.

일하는 시간에는
개인적인 일로 휴대폰을
오래 쓰지 않습니다.

바른 자세로 일합니다.

나쁜 자세는 건강을 해쳐요.

일의 순서와 내용을
정확히 이해합니다.

내가 맡은 일은
끝까지 책임지고 합니다.

혼자 하기 힘들 때는
동료나 윗사람에게
이야기합니다.

2. 윗사람에게 업무 지시를 받습니다

중요한 내용은
메모합니다.

상대방의 말을 끝까지 듣고
질문합니다.

이해가 안 되는 것은
다시 물어봅니다.

3. 내가 한 일을 보고합니다

업무 관련한 이야기를 할 때는
윗사람에게 직접 말합니다.

일을 얼마큼 했는지
틈틈이 이야기합니다.

실수한 것은
솔직히 이야기합니다.

쉬는 시간을
갖습니다

1. 점심시간을 잘 씁니다

은행, 병원 등은
점심시간에 갑니다.

졸리거나 피곤하면
점심을 먹은 후
잠깐 잠을 잡니다.

동료들과 함께 이야기하며
즐겁게 보낼 수도 있습니다.

밥 먹을 때 지켜야 할 예절

천천히 밥을 먹는 동료가
밥을 다 먹을 때까지
기다려 줍니다.

음식이 입 안에 있을 때는
말하지 않습니다.

함께 먹는 음식은
서로를 배려하며 먹습니다.

2. 틈틈이 쉽니다

중간중간 스트레칭을 해서
몸의 긴장을 풀어 줍니다.

피곤할 때는
커피나 차를 마시며
잠시 쉬었다가 일합니다.

자리를 비우게 되면
주변 동료에게 말합니다.

휴게실 사용할 때 예절

너무 오랫동안
쉬지 않습니다.

내가 어지른 곳은
직접 깨끗이 정리합니다.

게임을 하거나
동영상을 볼 때는
이어폰을 낍니다.

3. 휴가를 갑니다

몸이 아프거나
개인적인 일정이 있을 때는
휴가를 씁니다.

휴가를 쓸 때는
미리 회사에 이야기합니다.

회사 일이 바쁜 날을
피해서 휴가를 씁니다.

알아 두면 좋은 휴가의 종류

반차 하루의 반을 쉽니다

연차 하루 종일 쉽니다

유급휴가 돈을 받고 쉽니다

무급휴가 돈을 받지 않고 쉽니다

병가 아플 때 쉽니다

대체휴가 쉬는 날에 일한 대신 쉽니다

4. 아프면 쉽니다

몸이 아프면 일을 멈추고
윗사람에게 이야기합니다.

많이 아플 때는
조퇴를 신청하고
병원에 갑니다.

출근이 어려울 만큼
몸이 아프면,
회사에 연락하고 쉽니다.

예절을 지킵니다

1. 깨끗하게 생활합니다

화장실을 다녀온 후에는
손을 깨끗이 씻습니다.

점심 식사를 한 후에는
이를 깨끗이 닦습니다.

얼굴에 묻은 것이
없는지 잘 살펴봅니다.

화장도 고칠 수 있습니다.

트림이나 방귀는
다른 사람을 불쾌하게 하니
조심합니다.

재채기나 기침을 할 때는
입을 가리고 합니다.

일한 곳이나 책상 위를
깨끗이 정리합니다.

2. 인사를 잘합니다

내가 먼저 인사합니다.

인사를 받았을 때는
나도 인사합니다.

윗사람에게는 호칭을 붙이고
높임말을 사용합니다.

상황에 맞는 적절한 인사법

출근했을 때

"안녕하세요."
"좋은 아침입니다."

점심 먹을 때

"맛있게 드세요."
"잘 먹겠습니다."

퇴근할 때

"퇴근하겠습니다."
"내일 뵙겠습니다."

3. 대화 예절을 지킵니다

다른 사람이 관심 있는
주제로 이야기합니다.

이야기를 끝까지
귀 기울여 듣습니다.

다른 사람이 말하는 동안에
갑자기 끼어들지 않습니다.

다른 사람에 대한
욕이나 험담을 하지 않습니다.

너무 큰 소리로
이야기하지 않습니다.

개인적인 생활을
자세히 물어보지 않습니다.

4. 서로를 존중합니다

같이 일하는 다른 직원을
언제나 존중합니다.

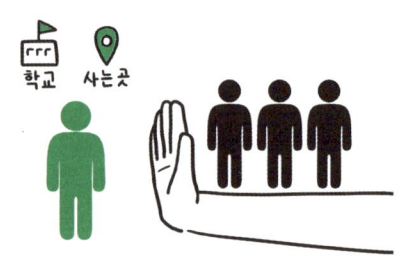

다닌 학교, 사는 곳,
태어난 곳 등의 이유로
차별하지 않습니다.

차별이나 괴롭힘을 당하면
윗사람에게 도움을
청합니다.

5. 성 예절을 지킵니다

다른 사람의 몸을
함부로 만지지 않습니다.

다른 성에 대해서
차별하는 말을 하지
않습니다.

누군가가 허락 없이
나의 몸을 만지거나
기분 나쁜 말을 하면
윗사람에게 도움을 청합니다.

6. 회식 때 술 예절을 지킵니다

술은 나이가 많은 사람,
윗사람에게
먼저 따릅니다.

술을 마시기 싫으면
억지로 마시지 않습니다.

동료에게 억지로 권하지도
않습니다.

술을 마실 때는
내가 마실 수 있는 만큼만
마십니다.

7. 동료의 경조사를 챙깁니다

결혼하는 동료의 결혼식에 가서 축하해 줍니다.

결혼 축하금을 냅니다.

가족의 죽음을 맞은 동료에게는 장례식장에 가서 슬픔을 위로합니다.

조의금(위로의 마음을 담은 돈)을 냅니다.

동료가 병원에 입원했을 때, 아이를 낳았을 때 등 여러 가지 슬픔과 기쁨을 함께 나눕니다.

8. 그 밖의 예절

전화 통화를 할 때는
큰 소리로 하지 않습니다.

바닥에 쓰레기가 있으면
주워서 쓰레기통에
버립니다.

회사의 물건을
소중히 다룹니다.

다른 사람의 물건을
허락 없이 만지지 않습니다.

동료에게 돈을 빌리거나
빌려주지 않습니다.

간식을 먹을 때는
함께 나눠 먹습니다.

퇴근을 합니다

1. 퇴근 준비를 합니다

퇴근 준비는
퇴근 시간이 지난 후에
합니다.

오늘 꼭 끝내야 하는 일은
없는지 확인하고
일을 정리합니다.

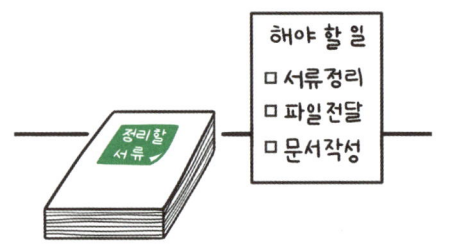

다음 날 할 일이 무엇인지
미리 확인해 두면 좋습니다.

책상 위나 주변을
깨끗이 치웁니다.

윗사람, 동료, 후배에게
인사하고 퇴근합니다.

남아서 일하는
직원이 있으면
"먼저 퇴근하겠습니다." 하고
인사말을 건넵니다.

2. 퇴근 후 일상을 즐깁니다

좋아하는 취미를 즐기며
스트레스를 풉니다.

평일에는 다음 날 출근을 위해
집에 일찍 들어갑니다.

다음 날 입을 옷을
미리 챙겨 두면
아침 시간이 여유롭습니다.

알아 두면
좋아요

1. 월급을 잘 관리하기

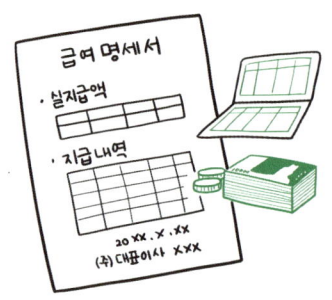

월급이 잘 들어왔는지 급여명세서를 확인합니다.

급여명세서: 월급 내용이 자세하게 적힌 종이

 급여명세서의 용어를 알아봐요!

공제	월급에서 보험료와 소득세를 미리 떼는 것
가족 수당	가족 수에 따라 받는 돈
야근 수당	하루 일이 끝나고 밤에 더 일해서 받는 돈
휴일근무수당	쉬는 날에 일해서 받는 돈
소득세	일해서 번 돈에 대해 내야 하는 세금
주민세	회사가 있는 동네에 내야 하는 세금
실지급액	보험료, 소득세 등을 떼고 실제로 받는 돈

월급을 어떻게 사용할지
계획을 잘 세웁니다.

미래를 위해
먼저 저금합니다.

저금하고 남은 돈은
꼭 필요한 곳에만 씁니다.

2. 회사에서 꼭 받아야 하는 교육

성희롱 예방교육

회사 안에서
성과 관련한 예절을
지킬 수 있도록
교육받습니다.

개인정보 보호교육

이름, 주민등록번호,
주소, 전화번호 등
일하면서 알게 된 개인정보가
밖으로 나가지 않도록
교육받습니다.

산업안전 보건교육

일하면서 다치지 않도록
안전하게 일하는 방법에 대해
교육받습니다.

장애인식 개선교육

장애에 대해
올바로 이해하도록
교육받습니다.

3. 회사를 그만두는 상황들

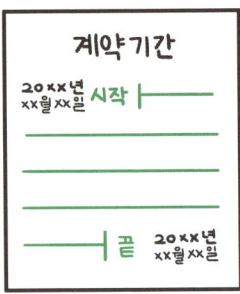

계약만료 퇴사

회사와 일하기로
약속한 기간이 끝나서
회사를 떠날 수 있습니다.

자진 퇴사

회사를 더 다니고 싶지 않아
그만둘 수 있습니다.

이직

회사를 옮기기 위해서
다니던 회사를 그만둘 수
있습니다.

권고사직 / 해고

회사에서 쫓겨나
회사를 그만두는 경우도
있습니다.

정년퇴직 / 은퇴

나이가 들어서
어르신이 되면
회사를 떠나기도 합니다.

4. 회사를 그만둘 때 해야 할 일

회사에서 나눠준 사무용품을 돌려줍니다.

회사에서 쓴 문서나 컴퓨터 파일을 다른 사람에게 전달합니다.

하던 일을 정리해서 다른 사람에게 넘겨줍니다.

내가 일했던 자리와 책상을
깨끗이 정리합니다.

개인적으로 가지고 온
물건은 도로 가져갑니다.

마지막 날에는
남아 있는 직원들에게
작별 인사를 합니다.

소소의 생각

시각장애인에게는 점자,
청각장애인에게는 수어가 있듯이
발달장애인에게는 쉬운 정보가 필요합니다.

쉬운 정보는 발달장애인뿐 아니라,
어르신, 외국인, 다문화가족에게도
반드시 필요한 지원입니다.

앞으로도 소소한소통은
우리가 일상에서 알아야 할 많은 정보를
쉬운 말로 정리해 책으로 펴낼 것입니다.

쉬운 정보만으로 소통의 어려움이
모두 해결되지는 않을 것입니다.
사람에 대한 관심과 존중이 함께 필요합니다.

삶의 어떤 순간에도 소통의 어려움이 없도록
우리 함께, 소소해요.

도와준 사람들

발달장애인 지원 기관에서 일하는 사람들

김우태 사부코리아 대표
박대수 주식회사 꿈앤컴퍼니 대표
박윤선 피플퍼스트 서울센터 팀장
장정은 경상남도발달장애인지원센터 개인별지원팀 팀장

발달장애를 가진 사람들

김선교 네이버핸즈 사원
김은비 사당어린이집 보조 교사
송상원 로아트 작가
이진경 카카오카페 바리스타
장지용 에이블뉴스 칼럼니스트
홍미숙 참사랑어린이집 보조 교사

글을 다듬는 사람

사공영 편집자

발달장애인이 말하는 직장 생활 노하우

김선교
정해진 일을 책임감 있게 하고,
위급한 상황에는 반드시 회사에 알리세요.

김은비
힘든 것을 참고 일하다 보면
즐겁게 일할 수 있는 날이 와요.

송상원
다른 사람을 배려하면서 일해야 해요.

이진경
일을 배워 가면서 모르는 것은
선배에게 물어보세요.

홍미숙
직장 동료와 적응하는 데 시간이 필요합니다.
조급해하지 말고 천천히 하세요.

지속 가능한 발달장애인 고용 프로젝트 3권
발달장애인을 위한 회사 생활 실용서
내일도 출근합니다

초판 1쇄 발행 2018년 12월 27일
초판 3쇄 발행 2021년 12월 24일

펴낸곳	소소한소통
출판등록	2018년 8월 1일 제 2019-000093호
주소	서울특별시 영등포구 문래북로 116, 트리플렉스 1504호
문의	02-2676-3974
이메일	soso@sosocomm.com
홈페이지	www.sosocomm.com

ISBN 979-11-9652-093-9 13330

ⓒ 소소한소통, 2018

이 책은 저작권법에 따라 보호받는 저작물이므로 무단 전재와 무단 복제를 금합니다.
잘못된 책은 구입처에서 바꾸어 드립니다.
책값은 뒤표지에 있습니다.